Friedl Hofbauer

Wenn ein *Löwe* in die Schule geht

Bilder von Petra Probst

ANNETTE BETZ

Wenn ein *Löwe*
in die Schule geht,
lernt er:
brüllen und schleichen
und mit weichen
Tatzen
kratzen.

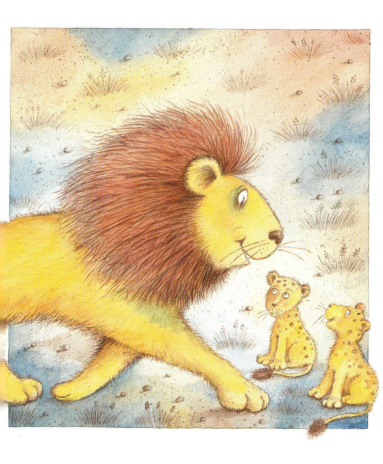

Wenn ein **Hase**
in die Schule geht,
lernt er:
mümmeln
und lümmeln,
hoppeln und springen,
aber nicht singen.

Wenn ein *Igel*
in die Schule geht,
lernt er:
Kugel spielen,
nachts holterdipoltern
und die langen
Schlangen fangen.

Wenn ein *Rasenmäher*
in die Schule geht,
lernt er:
Rasen scheren,
Ruhe stören,
schneidig blinken
und stinken.

Wenn ein *Floh*
in die Schule geht,
lernt er:
Hochsprung und beißen,
das will schon was heißen.

Wenn die **Kinder**
in die Schule gehen,
lernen sie:
lesen, rechnen, schreiben,
auf den Plätzen bleiben,
sie lernen von Blumen und Spatzen
und warum die Luftballons platzen.

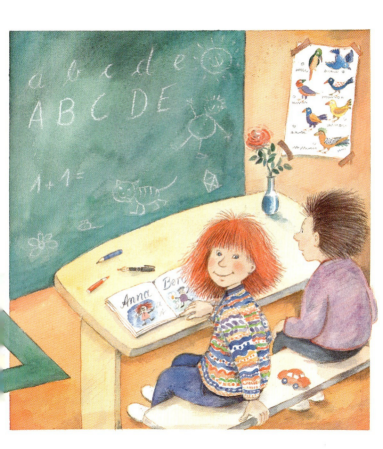

Wenn der *Schnittlauch*
in die Schule geht,
lernt er:
sich recken und strecken,
schön grün sein
und auf dem Butterbrot schmecken.

Wenn eine **Hexe**
in die Schule geht,
lernt sie:
auf Besen reiten,
paragleiten,
zaubern und hexen,
sich verstecksen.

Wenn ein *Gespenst*
in die Schule geht,
lernt es:
spuken und spucken,
wimmern und zucken,
wehen und winseln
und malen –
mit Schattenpinseln.

Die Deutsche Bibliothek – CIP-Einheitsaufnahme

Wenn ein Löwe in die Schule geht / Friedl Hofbauer. Ill. von Petra Probst. - Wien ; München : Betz, 2002
ISBN 3-219-10956-X

B 1105/1
Alle Rechte vorbehalten
Umschlag, Illustrationen und Layout von Petra Probst
Gesetzt nach der neuen Rechtschreibung
Copyright © 1993, 2002 by Annette Betz Verlag
im Verlag Carl Ueberreuter, Wien – München
Printed in Belgium
1 3 5 7 6 4 2

Annette Betz im Internet: www.annettebetz.com